publication PN°1
Bibliothek der Provinz

ABDIAS

ABDIAS
HARTHEIM
Bildwerke

Mit Textauszügen
der Erzählung »Abdias«
von Adalbert Stifter

herausgegeben vom
Institut Hartheim

Idee, Gestaltung, Text- und Bildzusammenstellung
Richard Pils

Verlag
publication PN°1

A-3970 Weitra

ISBN 3 85252 128 9

Druckerei Holzhausen
A-1070 Wien

Zum Buch gibt es auch eine Ausstellung.

ABDIAS
HARTHEIM

Mit Textauszügen der Erzählung »Abdias« von Adalbert Stifter

Es gibt Menschen, auf welche eine solche Reihe Ungemach aus heiterm Himmel fällt, daß sie endlich da stehen und das hagelnde Gewitter über sich ergehen lassen: so wie es auch andere gibt, die das Glück mit solchem ausgesuchten Eigensinne heimsucht, daß es scheint, als kehrten sich in einem gegebenen Falle die Naturgesetze um, damit es nur zu ihrem Heile ausschlage.

Auf diesem Wege sind die Alten zu dem Begriffe des Fatums gekommen, wir zu dem milderen des Schicksals.

Aber es liegt auch wirklich etwas Schauderndes in der gelassenen Unschuld, womit die Naturgesetze wirken, daß uns ist, als lange ein unsichtbarer Arm aus der Wolke, und tue vor unsern Augen das Unbegreifliche. Denn heute kommt mit derselben holden Miene Segen, und morgen geschieht das Entsetzliche. Und ist beides aus, dann ist in der Natur die Unbefangenheit, wie früher.

Dort, zum Beispiele, wallt ein Strom in schönem Silberspiegel, es fällt ein Knabe hinein, das Wasser kräuselt sich lieblich um seine Locken, er versinkt – und wieder nach einem Weilchen wallt der Silberspiegel, wie vorher. – – Dort reitet der Beduine zwischen der dunklen Wolke seines Himmels und dem gelben Sande seiner Wüste: da springt ein leichter glänzender Funke auf sein Haupt, er fühlt durch seine Nerven ein unbekanntes Rieseln, hört noch trunken den Wolkendonner in seinen Ohren, und dann auf ewig nichts mehr.

Dieses war den Alten Fatum, furchtbar letzter starrer Grund des Geschehenden, über den man nicht hinaus sieht, und jenseits dessen auch nichts mehr ist, so daß ihm selber die Götter unterworfen sind: uns ist es Schicksal, also ein von einer höhern Macht Gesendetes, das wir empfangen sollen. Der Starke unterwirft sich auch ergeben, der Schwache stürmt mit Klagen darwider, und der Gemeine staunt dumpf, wenn das Ungeheure geschieht, oder er wird wahnwitzig und begeht Frevel.

Aber eigentlich mag es weder ein Fatum geben, als letzte Unvernunft des Seins, noch auch wird das einzelne auf uns gesendet; sondern eine heitre Blumenkette hängt durch die Unendlichkeit des Alls und sendet ihren Schimmer in die Herzen – die Kette der Ursachen und Wirkungen – und in das Haupt des Menschen ward die schönste dieser Blumen geworfen, die Vernunft, das Auge der Seele, die Kette daran anzuknüpfen, und an ihr Blume um Blume, Glied um Glied hinab zu zählen bis zuletzt zu jener Hand, in der das Ende ruht. Und haben wir dereinstens recht gezählt, und können wir die Zählung überschauen: dann wird für uns kein Zufall mehr erscheinen, sondern Folgen, kein Unglück mehr, sondern nur Verschulden; denn die Lücken, die jetzt sind, erzeugen das Unerwartete, und der Mißbrauch das Unglückselige. Wohl zählt nun das menschliche Geschlecht schon aus einem Jahrtausende in das andere, aber von der großen Kette der Blumen sind nur erst einzelne Blätter aufgedeckt, noch fließt das Geschehen wie ein heiliges Rätsel an uns vorbei, noch zieht der Schmerz im Menschenherzen aus und ein – – ob er aber nicht zuletzt selber eine Blume in jener Kette ist? wer kann das ergründen? Wenn dann einer sagt, warum denn die Kette so groß ist, daß wir in Jahrtausenden erst einige Blätter aufgedeckt haben, die da duften, so antworten wir: So unermeßlich ist der Vorrat darum, damit ein jedes der kommenden Geschlechter etwas finden könne, – das kleine Aufgefundne ist schon ein großer herrlicher Reichtum, und immer größer immer herrlicher wird der Reichtum, je mehr da kommen, welche leben und enthüllen – und was noch erst die Woge aller Zukunft birgt, davon können wir wohl kaum das Tausendstel des Tausendstels ahnen. – – Wir wollen nicht weiter grübeln, wie es sei in diesen Dingen, sondern schlechthin von einem Manne erzählen, an dem sich manches davon darstellte, und von dem es ungewiß ist, ob sein Schicksal ein seltsameres Ding sei, oder sein Herz. Auf jeden Fall wird man durch Lebenswege wie der seine zur Frage angeregt: ›Warum nun dieses?‹ und man wird in ein düsteres Grübeln hinein gelockt über Vorsicht, Schicksal und letzten Grund aller Dinge.

Abdias stand in seiner Wohnung und betrachtete das kleine Kind. Es hatte winzige Fingerchen, die es noch nicht zu regen verstand, es hatte kleine unkennbare Züge in dem unentwickelten Angesichtchen, das sich noch kaum zu entfalten begann, und in diesem Angesichtchen hatte es blaue Augen. Diese Augen standen in der sehr schönen Bläue offen, aber regten sich noch nicht, weil sie noch das Sehen nicht verstanden, sondern die Außenwelt lag gewaltig, gleichsam wie ein totgeborner Riese, darauf. Die blauen Augen waren Ditha allein eigentümlich, da weder Abdias noch Deborah blaue Augen hatten, sondern tief schwarze, wie es ihrem Stamme und jenem Lande, in dem sie lebten, eigen zu sein pflegt. Er hatte nie vorher besonders Kinder betrachtet. Dieses aber betrachtete er.

Abdias saß mit Ditha allein. Dieser wollte er nun alle Aufmerksamkeit zuwenden, daß sie, wie er sich vorgenommen hatte, ein wenig erzogen würde, indem er bisher, da er eine Wohnung für sie baute, nicht viel Zeit gehabt hatte, sich ihr umzusehen – und auch die Diener, die ihr beigegeben worden waren, sie bloß nährten, pflegten und schützten, und im andern sie liegen ließen, wie sie nur wollte. Sie war aber übrigens in ihrem Körperchen gesund und blühend. Und so lag sie nun vor ihm da, ein ehrwürdig Rätsel, aus seinem Wesen hervorgegangen, und einer unbekannten Enthüllung harrend.
Abdias ging nun mit demselben Eifer, mit dem er bisher alles betrieben hatte, daran, sich mit Ditha zu beschäftigen, obwohl er eigentlich nicht wußte, wie er es anfangen sollte, sie zu entfalten und vorwärts zu bringen. Er hielt sich schier immer in ihrem Zimmer auf. Er berührte sie, er redete mit ihr, er setzte sie in ihrem Bettchen auf, er setzte sie auf den Teppich des Fußbodens, er stellte sie auf ihre Füße, er versuchte, ob sie gehen könne, er wollte sehen, ob sie nicht eine kleine Strecke laufe, wenn er ihr einen lockenden Gegenstand vorhalte, und sehr viele Dinge der gleichen Art: aber sehr bald sah er, daß das Mädchen nicht sei, wie es sein sollte.

ROLAND

Das Kind war jetzt schon um vier Jahre herum alt, aber es hatte nicht die Art und Weise eines vierjährigen Kindes. Sein Angesichtchen war unsäglich lieb und schön, und es entfaltete sich täglich mehr als das reizende Ebenbild des Vaters, wie er aussah, da er noch jung und schön gewesen war; nur war die Kraft des Vaters durch leise Züge der Mutter gemildert, die in der Bildung des Angesichtes zum Vorschein kamen. Der Körper war fast der eines vierjährigen Kindes, nur schien er viel zarter und nicht so stark zu den Bewegungen zu sein, welche Kinder in diesem Alter schon zu machen pflegen. Aber es lagen auch diese Bewegungen nicht in ihren Gliedern, der Vater wußte nicht, wegen bisheriger Vernachlässigung derselben, oder weil sie überhaupt noch nicht da waren. Sie konnte noch nicht gehen, und zeigte auch keinen Drang dazu, wie er sich doch sonst schon in viel jüngeren Kindern äußert, wenn sie nach Gegenständen ihres Wohlgefallens hin streben. Ja sogar sie kroch auch nicht einmal, wie doch die unentwickeltsten Kinder versuchen, sobald sie sich nur sitzend zu erhalten vermögen. Wenn man sie auf den Boden niedersetzte, so blieb sie auf demselben Platze sitzen, man mochte noch so reizende Gegenstände oder Naschwerk, das sie sehr lieb hatte, in ihre Nähe legen. Stehen konnte sie schon, aber wenn man sie auf die Füße stellte, blieb sie unbeweglich stehen, klammerte sich an die sie haltende Hand, und wenn man diese weg zog, stand sie einsam in der Luft da, strebte nach keiner Richtung weiter, ihre Füßchen zitterten, und in den Mienen sprach sich Angst und die Bitte um Hilfe aus. Wenn man ihr dann die Hand gab, und damit einen ihrer Finger berührte, so hielt sie sich schnell daran, faßte mit beiden Händchen darnach, und zeigte Neigung, nieder zu sitzen. Wenn man ihr aber das verweigerte, so blieb sie stehen, sich an der dargereichten Hand festhaltend, und nichts weiter versuchend. Am vergnügtesten schien sie zu sein, wenn sie in ihrem Bettchen lag. Da fühlte sie den meisten Halt um sich, war, wie es sonst auch ihre Weise war, sehr fromm, fast nie weinend, langte nach nichts, sondern hielt gerne eine Hand in der andern, und tastete und spielte mit den Fingern der einen in denen der andern. Auch das Angesichtchen zeigte noch nicht die Erregtheit, die sonst Kinder haben, wenn sie durch die ersten und vermög ihres hilflosen Körperchens sehr heftigen Verlangungen bewegt werden. Nicht einmal, wenn der Vater, den sie recht gut kannte, mit ihr redete, sie liebkoste oder streichelte, zeigte sie die Belebung, die sonst die kleinsten Kinder haben. Die Züge des unaussprechlich schönen Angesichtes blieben immer ruhig, die Augen mit dem lieblichsten, von Abdias oft so bewunderten Blau standen offen, gingen nicht hin und her, und waren leer und leblos. Die Seele schien noch nicht auf den schönen Körper herunter gekommen zu sein. Ihre Zunge redete auch noch nicht, sondern wenn es sehr gut ging, lallte sie seltsame Töne, die keiner der menschlichen Sprachen ähnlich waren, und von denen man auch nicht wußte, was sie bedeuteten.

Abdias konnte sich nicht helfen, er mußte denken, daß Ditha blödsinnig sei.

Er dachte sich, er werde viele Jahre so bei ihr sitzen, dann werde er sterben, ihre Züge werden sich auch nicht regen, denn sie wird nicht wissen, daß jemand gestorben ist – und wenn sein Antlitz starr geworden, dann wird erst recht der alte tote Vater der jungen schönen Tochter gleichen, so wie sie jetzt schon ferne der sanften vor Jahren gestorbenen Mutter gleicht.

Er wollte wenigstens aus dem blödsinnigen Körper so viel entwickeln, als aus ihm zu entwickeln wäre. Er dachte, wenn er den Körper recht gesund und recht stark machte, wenn er ihn zu außerordentlichen Tätigkeiten reize – vielleicht könnte er eine Art Seele hervorlocken, wie jetzt ja gar keine vorhanden sei.

Er brachte Ditha in eine andere Räumlichkeit; denn sie war bisher in einem jener kühlen Gemächer gewesen, wie wir sie oben beschrieben haben. Die neue Wohnung war luftig und licht, sie bestand aus zwei Zimmern, deren Fenster geradezu in das Freie gingen, und deren Türen sich auf Gänge öffneten, die viele Fenster hatten. Er ließ nun oft ganze Ströme Luft herein, ließ sie durch die Zimmer streichen und setzte Ditha darein, daß alle Teile ihres Körpers diese labende Flüssigkeit genießen könnten. Er reichte ihr ihre Nahrung selber, und bestimmte immer, worin sie zu bestehen hätte. Er wollte sie nämlich recht leicht und nährend haben, und sie mußte in einer ganz bestimmten Ordnung fertig werden. Die Kleider, die sie anhaben sollte, gab er ebenfalls selbst an, sie sollten keinen Teil des Körpers drücken, sollten nicht zu heiß und nicht zu kühl sein, und den Zutritt der Luft und der Sonne nicht zu stark hemmen. So oft es nur wegen des in diesen Ländern so ungleichen Wetters anging, mußte sie ins Freie gebracht werden, und oft ganze Tage darin zubringen. Er nahm sie an der Hand, er führte sie herum, und hörte nicht eher auf, als bis er an ihrer immer mehr und immer schwerer anziehenden Hand merkte, daß sie schon sehr müde geworden sei, und nur mehr den Körper armselig schleppe. Wenn die Strahlen der Mittagssonne zwar nicht steilrecht, wie es in seinem Vaterlande jährlich einmal beinahe genau der Fall gewesen war, aber doch sehr warm hernieder schienen, wurde sie leicht bedeckt in das Gras des Gartens unter den Schein der heißen Sonne gesetzt, und lange da gelassen, daß auf dem Angesichte, auf der Stirne und auf dem Nacken große Tropfen standen, und das feine Linnen, das gerne ihren Körper bedeckte, anzukleben begann. Dann ward sie anders angekleidet, in die Zimmer gebracht, und dort ging er mit ihr, sie an der Hand haltend herum, sie auch öfter in den langen Gang hinaus führend, und dort auf und ab ziehend. Die Füßchen – das sah er bald – wurden zunehmend stärker. Ihr Angesicht mußte täglich mit Seife und frischem Wasser gewaschen werden, die schönen blauen Augen bekamen jeden Morgen ein Bad von reinem Brunnenwasser, und die Haare, so gelb und klar wie goldener Flachs, mußten gekämmt und gebürstet und gewaschen werden, daß auf dem Boden des Hauptes nicht ein Stäubchen und nicht ein Faserchen von Unrat lag, sondern die Haut so rein und eben glänzte, wie auf dem Buge des sanft hinab gehenden Nackens.

THOMI 31

So verging eine Zeit, Abdias war fast unablässig bei ihr, und beobachtete die Äußerungen ihres Körpers.

Die meiste Regung einer Seele, ja eigentlich die einzige, glaubte er, gebe sie gegen Klänge; denn er redete recht oft und Mannigfaltiges zu ihr. Er hatte ein feines Silberglöckchen – dieses brachte er herbei, und ließ es leise vor ihren Ohren tönen. Sie merkte darauf hin, das sah man deutlich. Und wie man den Klang die Tage fort öfter vor ihren Ohren wiederholte, lächelte sie – und immer deutlicher und immer süßer wurde dieses Lächeln, je öfter man den schmeichelnden Klang vor sie brachte. Ja später begehrte sie ihn sogar selber; denn sie ward unruhig, und sprach ihre unbekannten Worte, bis er begann: dann ward sie stille, und ein Ding, wie Freude, ja sogar wie ein sehr verstandesvolles Mienenspiel, schimmerte in ihren Zügen.

Abdias kam bei dieser Entdeckung auf einen Gedanken, der sich wie ein Blitz, wie eine leuchtende Lufterscheinung durch sein Haupt jagte, er dachte: das arme, gemarterte Kind könne bloß blind sein.

Sogleich begann er, als ihm dieser Gedanke gekommen war, Versuche, um zu prüfen, ob es wahr sei, oder nicht. Er ließ das Mädchen leicht gekleidet auf sein Bettchen legen. Dann holte er eine lange sehr spitzige Nadel, und mit derselben stach er sie in die Hand. Die Hand zuckte zurück. Er stach wieder, und sie zuckte wieder. Dann berührte er bloß die Hand mit der Spitze der Nadel, und siehe, sie zog sich auch zurück. Das Kind mußte, wenn es sah, nun die Nadel kennen, und mußte wissen, daß die feine Spitze derselben das Schmerzende sei. Er näherte nun die Nadelspitze dem schönen großen, blauen Augapfel – immer mehr – immer mehr fast bis zur Berührung: es erfolgte keine Regung, in ruhigem Vertrauen stand das Auge offen. Er holte nun noch aus der Küche eine glühende Kohle, nahm sie in eine Zange und näherte sie dem Auge – er schwang sie stille aber dicht vor dem Antlitze in Kreisen, daß sie flammende Linien zog: aber es erfolgte ebenfalls keine Bewegung in dem Angesichte, welche zeigte, daß das Kind die feurigen Kreise gesehen hatte. In derselben sprachlosen Ruhe blieb das schöne Auge. Er versuchte noch eins: er schlug mit seinen Fingerspitzen sehr schnell aber lautlos nahe oberhalb der Wimpern durch die Luft, bei welchem Verfahren fast alle Menschen und um so viel mehr die Kinder blinzen müssen: aber Ditha wußte nichts, daß diese Bewegungen so nahe an ihren Augenlidern vor sich gingen.

Es war für ihn nun richtig, und alle bisherigen Erscheinungen an dem Mädchen waren ihm klar. Es war blind. In der andauernden Nacht war die junge, verkannte, über das Wesen der Welt ahnungslose Seele bloß hilflos gebunden gewesen, und hatte nicht gewußt, was sie entbehre.

Noch in demselben Augenblicke, als Abdias diese Entdeckung gemacht hatte, wurde in die entfernte Stadt um den Arzt geschickt. Er kam erst am nächsten Tage, und bestätigte mit seinen Kenntnissen, was Abdias vermutet hatte. Sofort wurde nun wieder ein ganz anderes Verfahren mit dem Kinde eingeschlagen. Es wurde wieder in ein Zimmer verbannt, es wurde ihm ein kleiner Sessel gemacht, auf dessen Lehne es das Haupt zurücklegen konnte, daß die Augen, die schönen aber unnützen Augen, aufwärts gerichtet wären, daß der Arzt und der Vater in dieselben hinein schauen konnten. Abdias schaute oft hinein, aber nicht das geringste, nicht die kleinste Kleinigkeit war zu entdecken, wodurch sich diese Augen von andern gewöhnlichen Menschenaugen unterschieden, außer, daß sie schöner waren, als andere, daß sie klar und mild waren, wie man selten menschliche Augen finden würde.
Es begannen nun, obwohl der Arzt gesagt hatte, daß er wenig Hoffnung geben könnte, mehrere Versuche, die Augen zu heilen, und wurden lange Zeit fortgesetzt. Abdias tat alles pünktlich, was der Arzt vorschrieb, und Ditha litt schier alles geduldig, obwohl das Kind keine Ahnung haben konnte, was man mit ihm vor hatte, und welche Kleinode man ihm zu geben bemüht war. Als endlich der Arzt erklärte, daß seine Mittel erschöpft seien, und er das wiederholen müßte, was er gleich anfangs gesagt habe, daß nämlich das Kind wahrscheinlich nie würde hergestellt werden, sondern die Zeit seines Lebens blind bleiben müßte: belohnte Abdias den Arzt für seine bisher gehabten Bemühungen, und nahm einen andern.
Allein auch dieser tat nach einiger Zeit dieselbe Erklärung – und so kam ein dritter, ein vierter, und mehrere. Da alle übereinstimmten, dem Kinde sei das Licht der Augen nicht zu geben, da die Ratschläge der verschiedensten Menschen, die von dem Übel hörten und sich herzu drängten, vergebens angewendet wurden, da Abdias bei jedem neuen fehlgeschlagenen Versuche seine Hoffnung auf eine tiefere Stufe herabstimmte: gab er den Rest derselben endlich ganz auf, insbesondere da keine Ärzte mehr waren, die man fragen konnte, und selten ein Mensch kam, der einen Ratschlag erteilte, oder wenn es geschah, derselbe schon von vorne herein alle Spuren der Unvernunft an der Stirne trug. Er gewöhnte sich daran, und nahm den Gedanken in sein Eigentum auf, daß er ein blindes Kind habe, und daß dasselbe blind bleiben müsse.
Statt nun eine Erziehung zu beginnen, die so viel an Geist und Leben entwickelt hätte, als nur immer zu entwickeln war, verfiel Abdias auf einen ganz andern Gedanken, nämlich einen ungeheuren Reichtum auf das Kind zu laden, damit es sich durch denselben einstens, wenn er stürbe, Hände kaufen könnte, die es pflegen, und Herzen, die es lieben würden. Einen großen Reichtum wollte er auf das Kind häufen, daß es sich dereinst mit jedem Genusse seiner andern Sinne umringen könnte, wenn es schon den des einen entbehren müßte.

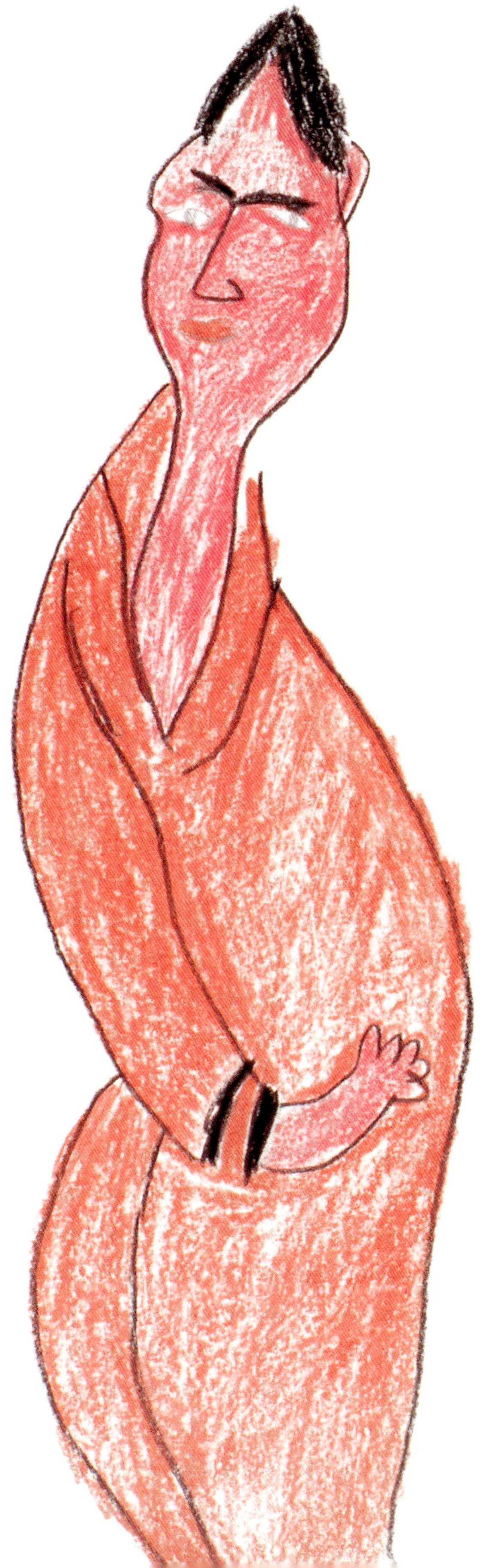

Wenn er zu Hause war, saß er immer in Dithas Zimmer, sobald er nur seine Rechnungen und seine Geschäfte abgetan hatte. Der kleine Sessel mit der Hinterlehne für ihr schönes Haupt war ihr lieb geworden, sie saß jetzt gerne darinnen, obwohl er für die aufblühenden und empor strebenden Glieder zu klein geworden war. Da kauerte Abdias auf einem kleinen Schemel neben ihr, und sprach immerwährend zu ihr. Er lehrte sie Worte sagen, deren Bedeutung sie nicht hatte – sie sagte die Worte nach und erfand andere, welche aus ihrem inneren Zustande genommen waren, die er nicht verstand, und die er wieder lernte. So sprachen sie stundenlange mit einander, und jedes wußte, was das andere wollte. Sie streichelte öfter mit ihren kunstreichen Händen, nachdem sie ein wenig in der Luft gesucht hatte, seine harten Wangen, und seine schlichten dünner werdenden Haare. Zuweilen legte er Geschenke in ihre Hand, ein Stückchen Stoff zu einem Kleide, dessen Feinheit sie greifen konnte, und verstand; namentlich Linnen, das sie sehr liebte, dessen Glätte, Weiche und Reinheit sie besonders zu beurteilen verstand, und das, weil sie nie unter Menschen kam und Putz brauchte, nicht nur das ihrem Körper zunächstliegende, sondern meistens auch einzige Kleidungsstück war. Wenn sie ihr linnenes Überkleid über das untere getan hatte, um damit im Hause zu sein, legte sie seine Falten so schön, und machte vorne die Spange zu, daß Sehende geglaubt haben würden, sie hätte das Werk vor dem Spiegel gemacht. Und dann strich sie mit der Hand längs des Stoffes hinab, und faßte ihn zwischen Daumen und Zeigefinger, und sagte: »Vater, das ist noch weicher, als das andere.«

Die Füßchen, an denen Schuhe waren, stellte sie nebeneinander auf den Schemel, und griff die Weichheit desselben. Manchmal gab er ihr Eßwaren, die er gebracht, Früchte und dergleichen – und wenn sie den Kern oder anderes, das weg zu legen war, zwischen den Fingern hielt, suchte sie nach der daneben stehenden Tasse, damit ja nichts beschmutzt würde.

Ditha war beinahe völlig herangewachsen – ein schlankes Mädchen mit blühenden Gliedern, die sich auszubilden versprachen, und eine große Schönheit zu hoffen berechtigten. Abdias war während seiner Krankheit nicht zu ihr in ihr Zimmer gekommen; aber auch sie war in dieser Zeit nicht gesund gewesen: ein seltsames Zittern war an ihren Gliedern, das öfter verschwand, öfter kam und anhielt, zu verschiedenen Zeiten erschien, und namentlich, wenn heiße dunstige Tage waren. Der Arzt konnte es nicht recht erkennen, und sagte, es sei von dem Wachsen, weil sie in letzter Zeit ganz vorzüglich in die Höhe gegangen sei, und sich die Glieder wider Vermögen gedehnt hätten. Bis sie sich voller rundeten, würden die Erscheinungen verschwinden. Abdias war in den Tagen der Wiedergenesung, wo man schon in den Zimmern und in den Grenzen des Hauses herum gehen kann, aber noch nicht weiter fort, und seinen Beschäftigungen nicht nachzukommen vermag. Als er in diesem Zustande eines Tages auf seiner Stube saß, und mit Rechnungen und Entwürfen beschäftiget war, insbesondere darüber nachdachte, wie er es beginnen müsse, um die Zeit, die er jetzt krank war, herein zu bringen. daß sie im ganzen Verlaufe nicht zum Nachteile wäre: geschah es, daß ein Gewitter heraufzog. Er achtete nicht weiter darauf, da die Gewitter, die er hier erlebt hatte, sich nicht von ferne an Heftigkeit und Stärke mit denen vergleichen ließen, die er in der Wüstenstadt und sonst in Afrika gesehen hatte. Aber mit einem Male, wie er wieder so rechnete, und da der Regen noch kaum leise auf die Dächer niederträufelte, geschah ein schmetternder Schlag, von Feuer begleitet, das das ganze Haus in einen blendenden Schein setzte. Abdias erkannte augenblicklich, daß der Blitz in sein Haus gefahren sei. Sein erster Gedanke war Ditha. Obgleich in den Gliedern noch ermüdet, eilte er sogleich in ihr Zimmer. Der Blitz war durch dasselbe gegangen, er hatte die Decke und den Boden durchgeschlagen, daß dicker Staub in der Stube war, er hatte die eisernen Drähte des Käfigs, in dem das Schwarzkehlchen war, dessen Singen Ditha so erfreute, niedergeschmolzen, ohne den Vogel zu verletzen; denn derselbe saß gesund auf seinen Sprossen – auch Ditha war unbeschädigt; denn sie saß aufrecht in ihrem Bette, in das sie sich gelegt hatte, weil sie heute ganz besonders mit dem Zittern behaftet gewesen war. Abdias sah das alles mit einem Blicke, er stieß nun schnell ein Fenster auf, um den heftigen widrigen Phosphorgeruch zu verscheuchen, dann sah er gegen Ditha – und wie er genau hinblickte, bemerkte er, daß eine fürchterliche Erregung auf ihrem Antlitze lag, wie Entsetzen, wie Todesschreck. Als er näher ging, um zu sehen wie es sei, kreischte sie, als drohte sich ein Ungeheuer über sie zu legen, und sie regte die Hände wie abwehrend entgegen – es war das erste Mal, daß sie die Hände nach etwas geradezu ausstreckte. – – Eine wahnsinnige Vermutung stieg in Abdias auf: er rannte nach dem Herde, auf welchem man eben ein Feuer hatte, riß einen glühenden Stumpf heraus, lief in Dithas Zimmer und schwang ihn vor ihren Augen. Sie aber tat wieder einen Schrei, arbeitete dann heftig mit den Gesichtszügen, als wollte sie etwas beginnen, was sie nicht konnte – endlich, als hätte sie es plötzlich gefunden, regten sich mit einmal ihre Augen im Haupte, indem sie den funkelnden Kreisen des Feuerbrandes folgten. Indessen hatte Abdias die Eingebung gehabt, alle Fensterbalken in Dithas Zimmer zu zu machen, und noch dazu die Vorhänge herab zu lassen, damit die Augen vorerst in der ihnen holden Finsternis blieben, und von dem plötzlich eindringenden Lichte nicht verletzt würden. Als er dieses getan hatte, wobei Ditha immer stille gewesen war, hatte er, wie wir oben sagten, das Fenster des Ganges aufgerissen, um dem abreitenden Boten zuzusehen, dann ging er leise wieder in ihr Zimmer zu ihrem Bette, setzte sich zu ihr, und fing über eine Weile zu reden an. Die Stimme war das Gewisseste, was sie an ihm kannte, und sie übte nach und nach ihren gewöhnlichen Einfluß aus. Das geschreckte Kind beruhigte sich nach einiger Zeit – und in der Finsternis vergaß es gemach den furchtbar herrlichen Sturm des ersten Sehens. Nach mehreren Augenblicken fing es sogar selber zu reden an, und erzählte ihm von fernen bohrenden Klängen, die da gewesen, von schneidenden, stummen, aufrechten Tönen, die in dem Zimmer gestanden seien. Er antwortete ihr auf alles, und sagte recht freundliche Worte der Liebe. Bisweilen, wenn ein kurzer Stillstand des Gespräches war, stand er auf, rang in der Finsternis die Hände über seinem Haupte, oder er krampfte sie in einander, wie man in Holz oder Eisen knirscht, um die innere Erregung abzuleiten. – Dann setzte er sich doch wieder zu dem Bette, und blieb längere Zeit sitzen, indem er sich mehr und mehr beruhigen lernte. Ditha, welche zu der Stimme noch ein anderes Merkmal hinzu geben wollte, faßte nach seinen Händen, und als sie dieselben hatte, streichelte sie darüber hin, um sich zu überzeugen, daß er es wirklich sei, den sie habe. Er blieb nun ganz bei ihr sitzen, und sie fing nach und nach an, die gewöhnlichen Dinge, wie sie bei ihr alle Tage vorkamen, zu reden. Sie schien hiebei immer müder zu werden, insbesondere, da sie ihm auf sein Befragen erzählte, daß das Zittern ganz aufgehört habe, was recht gut sei. Nach einer Weile sagte sie gar nichts mehr, nachdem sie noch einige zutrauliche unzusammenhängende Worte geredet hatte, richtete ihr Köpfchen auf dem Kissen zu rechte, und es schlossen sich im Schlafe die Augenlider über die neuen gerade erst bekommenen und von ihr noch nicht gekannten Juwelen. Abdias lösete, als sie ruhig schlief, sachte seine Hand aus der ihrigen, und ging in den Garten hinaus, um zu schauen, wie denn jetzt der Tag draußen beschaffen wäre.

GREGOR

Als am andern Morgen die Sonne aufgegangen war, wurde Dithas Zimmer nur in so weit gelichtet, daß man den Versuch mit ihr anstelle, ob sie sehe, oder nicht; denn ihr das volle Licht zu geben, hielt man für schädlich. Der Versuch war kurz, und der Arzt erklärte, daß sie sehe. Man beschloß nun, daß das Zimmer, das sie nicht verlassen durfte, nur allmählich gelichtet werde, damit sie sich an die Gegenstände, die nach und nach hervortauchten, gewöhne, und das Auge durch allzugroßen und ungewohnten Lichtreiz nicht erkranke. Man sagte ihr, sie sei unwohl und müsse das Zimmer hüten, aber die Krankheit würde bald vorüber gehen, und dann würde sie mit ihren Augen sehen. Sie wußte nicht, was Sehen sei, aber sie blieb geduldig auf ihrem kleinen Sessel sitzen, lehnte das Haupt auf die Lehne desselben zurück, und hatte einen grünen Schirm ober den Augen, den sie bloß griff. Eine Verhüllung nach der andern wurde von den Fenstern zurückgetan, ein Raum kam nach und nach um sie zum Vorscheine, sie wußte aber nicht, was es sei – die Fensterbalken wurden allgemach gelichtet – endlich wurden die letzten Vorhänge der Fenster empor gezogen – – und die ganze große Erde und der ungeheure Himmel schlug in das winzig kleine Auge hinein. – – Sie aber wußte nicht, daß das alles nicht sie sei, sondern ein anderes, außer ihr Befindliches, das sie zum Teile bisher gegriffen habe, und das sie auch ganz greifen könnte, wenn sie nur durch die Räume in unendlich vielen Tagen dahin zu gelangen vermöchte.

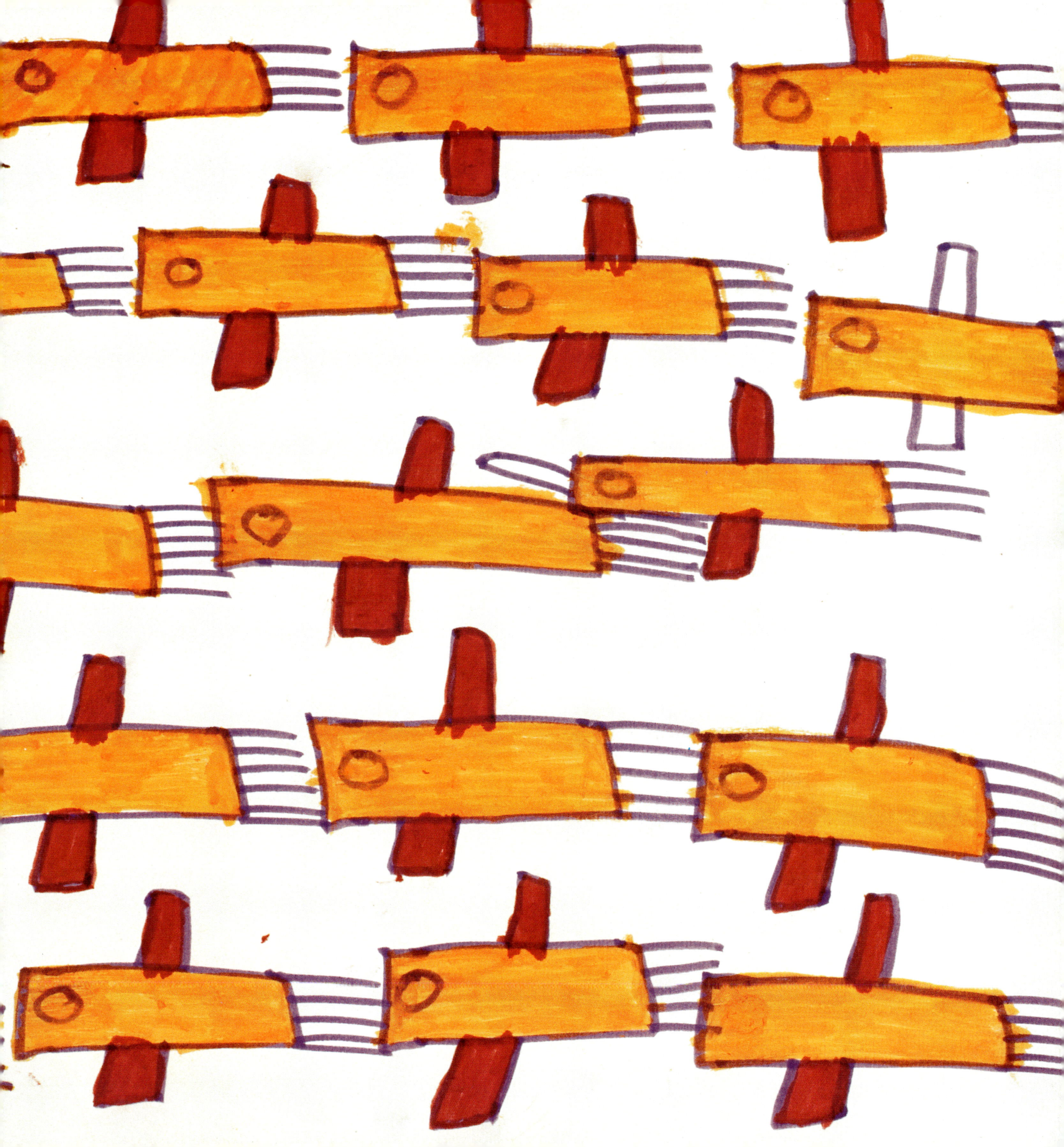

Abdias fing nun an, Ditha sehen zu lehren. Er nahm sie bei der Hand, daß sie fühle, daß das dieselbe Hand sei, die sie so oft an der ihrigen im Zimmer oder im Garten herum geführt hatte. Er hob sie von dem kleinen Sessel empor. Er führte sie einen Schritt von dem Sessel weg, dann ließ er sie die Lehne greifen die ihr so lieb geworden war, dann die Seitenarme des Stuhles, die Füße, und anderes – und sagte, das sei ihr Sessel, auf dem sie immer gerne gesessen sei. Dann hob er den Schemel empor, und ließ sie ihn fühlen, und sagte: hierauf habe sie die Füße gehabt. Dann ließ er sie ihre eigene Hand, ihren Arm, die Spitze ihres Fußes sehen – er gab ihr den Stab, dessen sie sich gerne zum Fühlen bedient hatte, ließ sie ihn nehmen, und die Finger sichtbar um ihn herum schlingen – er ließ sie sein Gewand greifen, gab ihr ein Stückchen Leinwand, führte ihre Hand darüber hin, und sagte, das sei das Linnen, welches sie so liebe und gerne befühlt habe. Dann setzte er sie wieder in den Sessel zurück, kauerte vor sie hin, zeigte mit den zwei Zeigefingern seiner Hände auf seine Augen, und sagte, das seien die Dinge, mit denen sie nun alles, was um sie herum sei, sehe, wenn auch hundert Arme aneinander gefügt zu kurz seien, es zu greifen. Er ließ sie die Augenlider schließen, und mit ihren Fingern die durch sie verhüllten Äpfel greifen. Sie kannte – tat aber die Finger schnell weg und öffnete die Lider wieder. Er wies ihr nun, da sie saß, alle Dinge des Zimmers, die sie sehr gut kannte, und sagte ihr, wie sie dieselben gebraucht habe. Um ihr dann den Raum zu weisen, führte er das widerstrebende Mädchen, weil es anzustoßen fürchtete, durch das Zimmer zu den verschiedenen Gegenständen, von einem zu dem andern, und zeigte, wie man Zeit brauche, um zu jedem zu gelangen, obgleich sie alle auf einmal in dem Auge seien. Er blieb den ganzen Tag bei ihr in dem Zimmer. Die äußeren Gegenstände des Gartens und der Fluren wollte er ihr noch nicht zeigen, damit sie nicht mit zu viel auf einmal überladen werde, und es ihr schade. Beim Essen zeigte er ihr die Speisen, nannte ihr den Löffel; denn Messer und Gabel hatte sie bisher nie gehandhabt, und sie fuhr eben so ungeschickt zum Munde, wie sie es getan, da sie noch blind gewesen war.

Als es immer dunkler geworden, und endlich die Nacht hereingebrochen war, meinte das Kind, es sei wieder blind geworden, und sagte es dem Vater. Dieser aber antwortete ihm, das sei die Nacht, wo, wie sie es wissen müsse, sich bisher immer alle zu Bette gelegt hatten, um zu schlafen, weil das Tageslicht, bei dem allein die Augen sehen, vergangen sei, und erst nach einiger Zeit wieder kommen würde, während welcher sich die Augen schließen, und die Menschen schlummern. Daß sie aber nicht blind sei, könne er ihr gleich zeigen. Er zündete eine große Lampe an, und stellte sie auf den Tisch. Sofort zeigten sich wieder alle Gegenstände, aber anders als bei Tage, grell hervortretend und von tiefen und breiten Schatten unterbrochen. Die Flamme der Lampe erinnerte Ditha an den Blitz, und sie sagte, ein solcher Hauch sei bei ihr gewesen, als es gestern so gekracht habe, und der Vater dann zu ihrem Bette herein gestürzt sei. Abdias löschte die Lampe wieder aus, setzte sich zu ihrem Bette, nahm sie

bei der Hand, wie in den Tagen der Blindheit und redete mit ihr, bis sie, wie gewöhnlich entschlummerte.
Als sie am andern Tage ruhig und gestärkt erwachte, und die Dinge im Zimmer schon mit viel mehr Fassung betrachtete, als gestern, ließ er sie ankleiden, und da gegen die Hälfte des Vormittags hin der Tau auf den Gräsern vergangen war, führte er sie in den Garten, und nicht nur in den Garten, sondern auch in das Freie hinaus, in das Tal. Er zeigte ihr hier den Himmel, das unendliche tiefe Blau, in dem die silbernen Länder, die Wolken schwammen, und sagte ihr, das sei blau, das weiß. Dann zeigte er auf die Erde, wie die sanfte weiche Wiege des Tales so von ihnen hinaus ging, und sagte, das sei das Land, auf dem sie wandeln, das Weiche unter ihren Füßen sei das grüne Gras, das Blendende, das ihre Augen nicht vertragen, und das noch einschneidender sei, als gestern die Lampe, sei die Sonne, die Lampe des Tages, die nach dem Schlummer immer komme, den Tag mache, und den Augen die Kraft gebe, alles sehen zu können. Dann führte er sie in den Hof zu dem Brunnen, zog vor ihren Augen an dem Metallknopfe, daß der Strahl hervorschoß, und zeigte ihr das ihm so merkwürdige Wasser, und ließ sie von der hellen, kristallenen, frischen Flut einen Trunk tun, den er mit einem Glase schöpfte. Er zeigte ihr am Tage hinüber die Bäume, die Blumen, er erklärte ihr die Farben, was namentlich ein ganz Neues für sie war, und was sie beim Nachsagen nicht nur durcheinander warf, sondern auch ganz unrichtig anwendete, insbesondere wenn Farben und Klänge zugleich sich in ihrem Haupte drängten. Zwischen den Gräsern waren oft Tierchen, die er ihr zeigte, und wenn ein Vogel durch die Luft strich, suchte er ihre Augen auf ihn hin zu lenken. Auch das Gehen mußte er ihr erst beibringen und angewöhnen, wenn sie so von dem Garten weg auf den Anger des öden Tales hinauswandelten; denn sie griff den Boden gleichsam mit den Fühlfäden ihrer Füße, und getraute sich nicht die Spitze schnell und sicher vor sich in das Gras zu setzen, weil sie nicht wußte, wie groß oder klein der Abgrund zwischen diesem und dem nächsten Tritte sei, wodurch es kam, daß sie jetzt im Sehen weit unsicherer ging, als früher in der Blindheit; denn da hatte sie den Fuß jederzeit im Bewußtsein des festen Bodens, den sie bisher immer gegriffen, vorwärts gestellt, und hatte nicht gewußt, welche ungeheure Menge von Gegenständen auf dem nächsten Schritte liege. Ditha hatte an allem, was sie sah, Freude, schaute immer herum, und bewunderte insbesondere das Haus, in dem sie wohnten, das einzige merkwürdigste Ding dieser Art, das sie auf dem öden Grunde des Grases erblickte. Sie wollte beinahe nicht in die Stube gehen, daß sie das Blau des Himmels, das ihr besonders gefiel, und das lange immer fortgehende Grün des Grundes nicht verliere. Sie schaute in einem fort, und begriff nicht, wie ihr ein Baum, ein Stück Mauer des Gartens, oder ein flatternder Zipfel des Gewandes ihres Vaters gleich einen so großen Teil der Welt nehmen könne, und wie sie mit der kleinen Hand, wenn sie sie unter die Stirne lege, gleich alles, alles bedecke.

LOISI 27.1.85

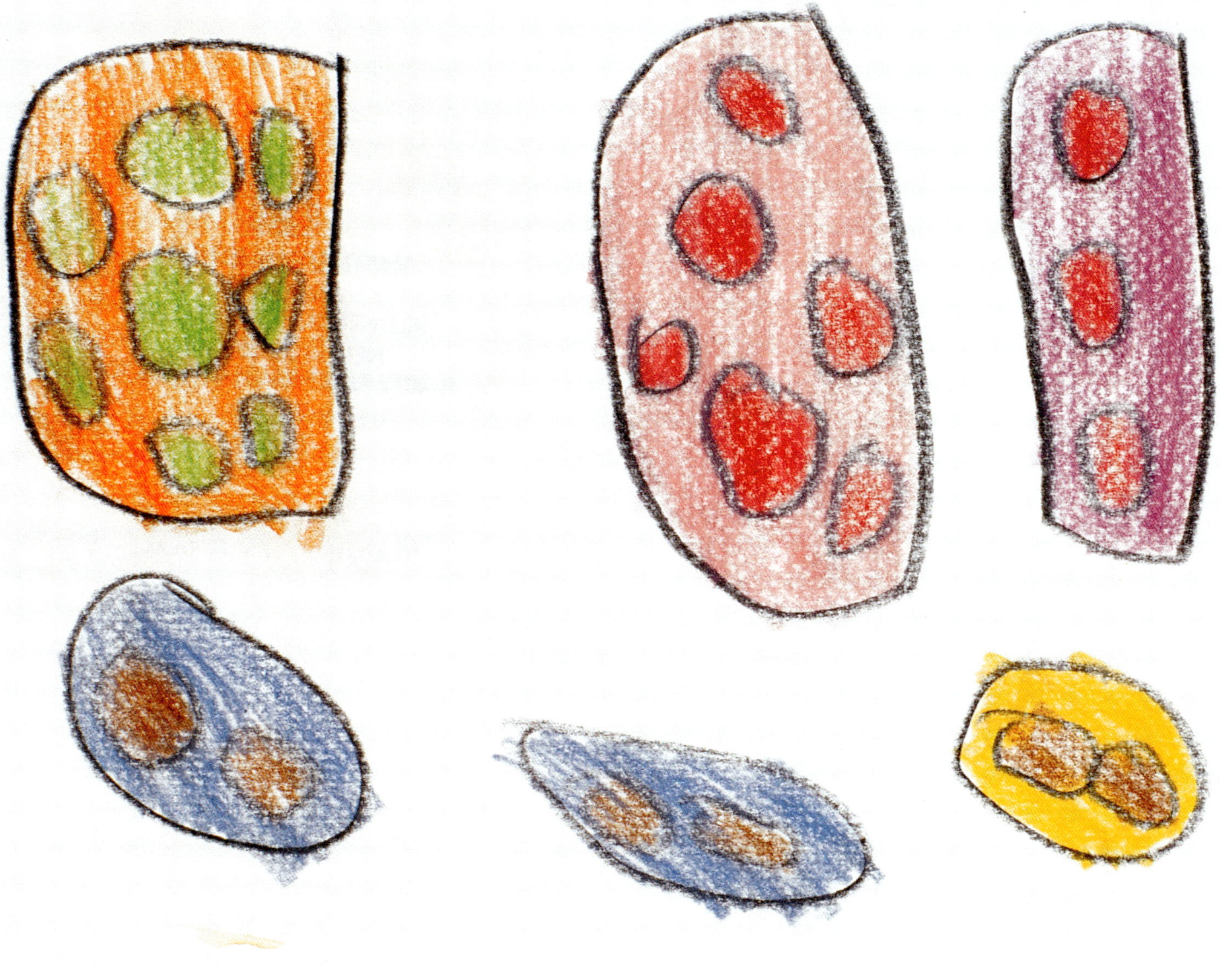

Was den andern Eltern weit auseinander gerückt, gleichsam in Millionen Augenblicke verdünnt erscheint, das wurde ihm jetzt gewisser Maßen auf einmal zugeteilt. Elf Jahre waren Dithas Augen zugehüllt gewesen, elf Jahre war sie auf der Welt gewesen, und hatte auf das Sehen warten müssen, nachdem ihr diese Welt schon auf einer andern Seite, auf der Seite des engen, dunkeln, einsamen Tastens war zugeteilt gewesen: aber wie man von jener fabelhaften Blume erzählt, die viele Jahre braucht, um im öden grauen Kraute zu wachsen, dann aber in wenigen Tagen einen schlanken Schaft emportreibt, und gleichsam mit Knallen in einem prächtigen Turm von Blumen aufbricht: – so schien es mit Ditha; seit die zwei Blumen ihres Hauptes aufgegangen waren, schoß ein ganz anderer Frühling rings um sie herum mit Blitzesschnelle empor; aber nicht allein die äußere Welt war ihr gegeben, sondern auch ihre Seele begann sich zu heben. Gleichsam wie die Flatterflügel wachsen, daß man sie sieht, wenn der junge Vogel noch an der Stelle sitzt, an welcher er aus der Puppe gekommen war, die die Fittiche so lange eingefaltet gehalten hatte, so dehnte das junge Innere Dithas die neuen eben erst erhaltenen Schwingen – denn die Sekunden flogen mit Kleinodien herbei, auf den Augenblicken lagen Weltteile, und jeder Tag endete mit einer Last, die er ihr auflud. So wunderbar ist das Licht, daß auch ihr Körper in sehr kurzer Zeit ein anderer ward; die Wangen wurden rot, die Lippen blüheten, und nach wenigen Wochen war sie in ihren Gliedern voller und stärker. Abdias hatte lauter weiße Haare, sein Gesicht war schwarz, von gekreuzten Narben durchzogen, und in den Zügen war Verfall eingegraben. So ging er neben der Tochter, die jetzt schon schlank und sicher wandelte; denn sie waren schier immer im Freien, das Ditha so liebte, und er nicht minder.

Aber nicht nur schöner ward das Antlitz des Mädchens, sondern es begann auch zu leben, und sichtlich immer mehr das Schönste zu zeigen, was der Mensch vermag, das Herz.

PEPI/94

So verging der Sommer, so der für das Mädchen sehr traurige Winter, und wieder ein Sommer und ein Winter. Ditha gedieh immer mehr, und blühte immer schöner.

In zwei Dingen war sie eigentümlich und von den gewöhnlichen Menschen abweichend.

Das erste betraf ein Naturwunder, das wohl zuweilen, aber selten vorkommt. Abdias hatte es in jüngeren Jahren auch gehabt, aber mit dem Alter hatte es sich allmählich verloren. Man bemerkte nämlich an Ditha seit dem Tage, an welchem der Blitz in ihr Zimmer geschlagen, und ihre Nerven umgestimmt hatte, daß sie an Gewittertagen, oder auch nur an solchen, wo Gewitter drohten, und an dem entfernten Gesichtskreise hinauszogen, ganz besonders lebhaft, sogar heiter und freudig gestimmt sei, unähnlich den andern Mädchen und Frauen, welche Gewitter gewöhnlich fürchten. Sie liebte dieselben, und wenn eines wo immer am Himmel stand, ging sie hinaus, um zu sehen, ob es komme. Einmal in der Dämmerung einer sehr gewitterschwülen Nacht, da sie eben an dem offenen Fenster stand und dem entfernten Blitzen zusah, bemerkte Abdias, der hinter ihr in einem Stuhle saß, daß ein leichter, schwacher, blasser Lichtschein um ihr Haupt zu schweben beginne, und daß die Enden der Seidenbändchen, womit ihr Haar gebunden war, sich sträuben und gerade empor ständen. Er erschrak nicht, denn gerade dieses war auch die Erscheinung gewesen, die bei ihm in der Jugend öfters ohne Veranlassung und in späteren männlichen Jahren bei starker Erregung wahrgenommen, und ihm von seiner Mutter mehr als einmal erzählt worden war. Er ist gewöhnlich, wie die Mutter sagte, zu solchen Zeiten sehr heiter gewesen, oder ist sehr stark gewachsen. Einen Nachteil aber hatte die Erscheinung für seinen Körper nie gehabt. Abdias blieb ganz stille hinter Ditha in dem Stuhle sitzen, und sagte ihr nichts von dem, was er an ihr sehe. Er hatte ohnedem gleich nach dem Tage, an welchem der Blitz in Dithas Zimmer gefahren war, ihre Schlafstelle in ein anderes Gemach verlegt, jetzt da er diese Erscheinung wahrgenommen hatte, ließ er auch sogleich Blitzableiter auf das Haus setzen, wie er sie an mehreren Orten Europas gesehen hatte. Er erinnerte sich jetzt auch, daß ihm einmal im Morgenlande erzählt worden war, daß wenn es nachts an dem Himmel blitzte und ein Gewitter nicht auszubrechen vermöge, die Blumen unten manchmal eine leichte Flamme aus ihrem Kelche entlassen, oder daß gar ein fester ruhiger Schein darüber steht, der nicht weicht und doch nicht die Blätter und die zarten Fäden verbrennt. Ja diese Blumen sind dann gar die schönsten.

Abdias beobachtete nun Ditha genauer, und sah die Erscheinung in diesem Sommer noch zweimal an ihr. Im Winter war nichts zu bemerken.

Das zweite, was Ditha eigentümlich und von andern Menschen abweichend hatte, war wohl nur eine natürliche Folge ihrer Verhältnisse, die von allem verschieden waren, was Menschen gewöhnlich begegnen kann, es war die Folge ihres früheren Zustandes und ihrer einsamen Entwicklung. Wie nämlich bei andern Menschen das Tag- und Traumleben gesondert ist, war es bei ihr vermischt. Bei andern ist der Tag die Regel, die Nacht die Ausnahme: bei ihr war der Tag vielmehr das Ausgenommene. Ihre vergangene, lange, vertraute Nacht reichte nun in ihren Tag herüber, und jene willkürlichen von andern Menschen nicht verstandenen Bilder ihrer innern Welt, die sie sich damals gemacht hatte, mischten sich nun unter ihre äußeren, und so entstand ein träumend sinnendes Wesen, nur zuweilen von einem schnell handelnden unterbrochen, wie es eigentlich Abdias' Natur war; es entstand eine Denk- und Redeweise, die den andern, welche sie gar nicht kannten, so fremd war wie wenn etwa eine redende Blume vor ihnen stände. Sonst einsam in ihrer Nacht sitzend war sie auch jetzt gerne allein, oder mit ihrem Vater, der sie sehr gut verstand. Aus jener langen Nacht mochte es auch herkommen, daß sie nicht die brennenden, sondern die kühlen und dämmernden Farben vorzugsweise liebte, und darunter wieder das Blau. Als sie einmal etwas weit von ihrem Hause waren, durch den Föhrenwald gingen, von dem wir oben geredet haben, und jenseits desselben an einem großen blühenden Flachsfelde standen, rief sie aus: »Vater, sieh nur, wie der ganze Himmel auf den Spitzen dieser grünen stehenden Fäden klingt!«

Sie verlangte hierauf, daß ein Stück davon nach Hause genommen würde. Er aber führte sie näher, zog einige Fäden aus, zeigte ihr die feinen kleinen Blumen, und machte ihr so klar, daß man nicht gleich ein ganzes Stück von diesem Blau wegnehmen könne. Dafür versprach er ihr, daß sie bald zu Hause ein solches blaues Feld haben werde.

So sprach sie auch von violetten Klängen, und sagte, daß sie ihr lieber seien, als die, welche aufrecht stehen und widerwärtig seien, wie glühende Stäbe. Ihre Stimme, die sie in der letzten Zeit ihrer Blindheit immer lieber zum Singen, als zum Sprechen erhoben hatte, wendete sich frühzeitig einem sanften klaren Alte zu. So lebte sie eine Welt aus Sehen und Blindheit, und so war ja auch das Blau ihrer Augen, so wie das unsers Himmels, aus Licht und Nacht gewoben.

DAUTERMANN

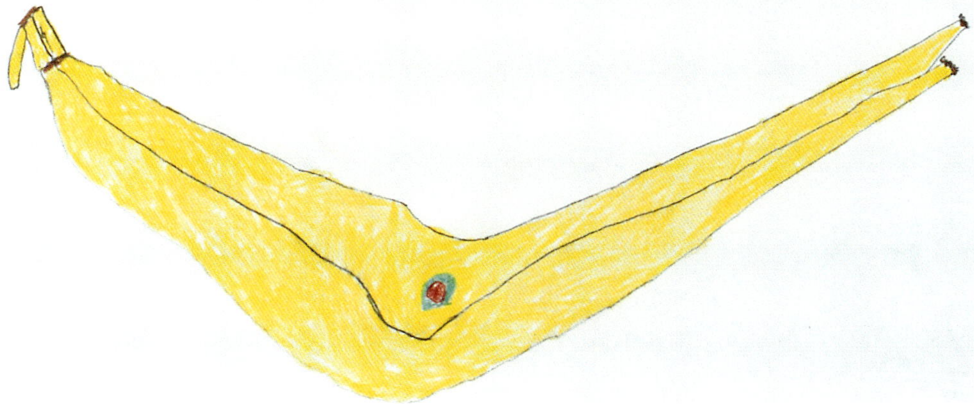

SCHon in dem ersten Frühlinge, an welchem Ditha sah, wogte ein schöner grüner Kornwald an einer Stelle, an welcher früher nur kurzes fahlgrünes Gras gewesen war, und graue Steine aus dem Boden hervor gesehen hatten. Als die Halme gelb geworden waren, standen gleichsam für Ditha die blauen Zyanen darin. Abdias ging unter all dem herum, und oft wenn der mäßige Vormittagswind die reifenden Ähren zu silbernen Wogen mischte, stand seine Gestalt aus dem Rohrfeld hervorragend da, wie er den weißen Turban um seine schwarze Stirne geschlungen hatte, der dunkle Kaftan im Winde sich regte, und der große Bart, der vom Antlitze nieder hing, noch weißer war, als der Turban.
Gleich im ersten Sommer wurde ein Stück Feld hergerichtet, und mit Flachs besäet. Als er blühte, wurde Ditha hinausgeführt, und Abdias sagte ihr, der ganze Himmel, der da auf den Spitzen dieser grünen stehenden Fäden klinge, gehöre ihr. Ditha stand nun recht oft vor dem blauen Tuche des Feldes und sah es an. Auf dem Heimwege pflückte sie sich einen Strauß von Zyanen, die im Korne standen.

Weil Ditha während ihrer Blindheit fast immer gesessen war, oder ihre Füße nur schwach in Bewegung hatte setzen können, wenn sie ging, – ja weil sie einen bei weitem größeren Teil ihrer Zeit in dem Bette zubrachte, als außerhalb desselben, so war ihre Entwicklung sehr langsam gegangen, und obwohl sie, da ihr das Licht der Augen zu Teil geworden war, schneller als früher, fortschritt, so kam doch die Zeit der Reife bei ihr später, als sie sonst zu kommen pflegt. Sie war schon sechzehn Jahre alt, als sie an jenem Zeitpunkte angelangt zu sein schien. Ihr früheres drängendes Wesen stillte sich, das Auge wurde milder und schmachtender, und die Glieder waren schlank und freudig, wie bei jedem vollkommenen Wesen dieser Erde.

Es war eben Sommer und die Zeit der Ernte. Ditha ging zu dieser Zeit an einem Nachmittage, der den andern Leuten recht heiß vorkam, über den Hügelsaum eines Kornfeldes empor, das der Vater am Tage vorher hatte abmähen lassen. Sie ging so lange, bis sie an dem oberen Rande angekommen war; denn sie hatte dort ein Feld mit Flachs, den sie spät gesäet hatte, zu dem sie sonst, da das Korn stand, immer mit Umwegen hatte gelangen müssen, und der jetzt alle Tage in Blüte zu brechen versprach. Sie war ganz allein durch die Stoppeln empor gegangen, und stand ganz allein, die höchste Gestalt, auf dem Saume der Anhöhe, wenn man den weiter draußen stehenden Föhrenwald ausnimmt, dessen Wipfel noch näher an dem Himmel hinzuziehen schienen. Auf dem Kornfelde hatten sie die Knechte des Abdias hinauf gehen gesehen, die eben über dasselbe Kornfeld nach Hause kehrten, weil sie ein Gewitter fürchteten. Sie kümmerten sich aber nicht weiter um sie. Nur einer, da er ein wenig später den Vater sah, der Ditha zu suchen schien, sagte, wenn er seine Tochter suche, sie sei oben auf dem Bühel. Wirklich hatte sie Abdias gesucht; denn die zarte Wolkenwand war dichter geworden und schob sich über den Himmel empor, obgleich an dem größeren Teile desselben noch das reine Blau herrschte, und die Sonne noch heißer nieder schien, als früher. Er stieg also, da er von dem Knechte die Nachricht erhalten hatte, über dasselbe Kornfeld, das wir erwähnten, empor, sah Ditha am Rande des Flachses stehen, und ging ganz zu ihr hinzu. Das Feld war über und über in blauer Blüte, und auf den kleinen zitternden Blättchen, über die kein Lüftchen ging, war eine große Anzahl von Tierchen.
»Was tust du denn hier, Ditha?« fragte Abdias.
»Ich schaue meinen Flachs an«, antwortete das Mädchen, »siehe, gestern war keine einzige Blume offen, und heute sind sie alle da. Ich glaube, die Stille und die Wärme haben sie hervorgetrieben.«
»Siehst du nicht die Wolken am Himmel«, sagte Abdias, »sie kommen herauf, und wir müssen nach Hause gehen, sonst wirst du naß und krank.«
»Ich sehe die Wolken«, antwortete Ditha, »aber sie kommen noch nicht so bald, wir können schon noch hinunter gehen. Wenn sie aber auch eher kommen, als sie versprechen, so werde ich doch nicht naß, denn ich will in ein solches Haus, wie sie hier aus Garben gemacht haben, hinein gehen, will dort nieder sitzen, und zusehen, wie die silbernen Regenkugeln in die Halme niederschießen, davon von jedem nur ein abgemähtes Stückchen empor steht. Bei mir drinnen aber wird es warm und trocken sein.«
Abdias schaute gegen den Abendhimmel, und in der Tat schien die Vermutung des Kindes wahr zu werden, daß die Wolken eher kommen würden, als sie versprachen; denn die gleiche und schwachfärbige Wand, die noch vor kurzem an dem Abendhimmel stand, hatte sich gelöset, und in Ballen gesondert, die mit weißen Rändern überhingen, und alle Augenblicke die Farbe änderten. Gegen unten, am Gesichtskreise hin, war rötliches Grau.

MAYR KURT 1994

Abdias erkannte, daß sie vor dem Regen kaum mehr das Haus erreichen würden, und daß vielleicht der Rat Dithas der beste wäre. Da er aber der Leichtigkeit des Garbenhauses nicht traute, wenn etwa ein Wind käme, so fing er an, mit eigenen Händen noch mehr Garben herbei zu tragen. Als Ditha seine Absicht begriff, half sie ihm, bis ein solcher Vorrat beisammen war, daß er die Wetterseite mit einer dichten Garbenmauer besetzen, und dem Ganzen eine solche Festigkeit geben konnte, daß es nicht leicht vom Winde zu zerreißen war. Gegen Morgen hin ließ er die Öffnung frei, daß sie auf das Spiel des Regens hinaussehen, und eine Übersicht auf den Abzug des Gewitters haben könnten. Das Obdach wurde endlich fertig, aber es rührte sich noch immer kein Lüftchen, und es fiel kein Tropfen. Die gelben Stoppeln lagen vor ihnen, die zarten von dem Schirme der weggenommenen Halme entblößten Gräschen regten sich nicht, und über dem blauen Felde des Flachses hoch in der Luft sang eine Lerche, von dem fernen tiefen Donner zuweilen unterbrochen.
Ditha hatte ihre Gewitterfreudigkeit, sie wendete sich gegen Abend, und sagte: »Wie es so herrlich ist, wie es so unsäglich herrlich ist. Weil du nun auch da bist, o Vater, so ist es mir noch lieber.«
Sie standen vor ihrer aus Garben aufgebauten Behausung, schauten die Wolken an, und waren in jedem Augenblicke bereit, wenn der Regen beginne, sich in die Hütte hinein zu setzen. In den oberen Teilen des Himmels mußte schon der Wind herrschen; denn die grauen Schleier, welche dem Gewitter vorher zu gehen pflegen, liefen sichtlich dahin, sie hatten schon die Sonne überholt, standen bereits über den Häuptern der Zuschauenden und eilten gegen Morgen.
Abdias hatte im Innern des gebauten Obdaches mehrere Garben zu einem Sitze zurecht gelegt, und setzte sich hinein. Ditha, mit der den Kindern eigentümlichen Liebe zur Heimlichkeit setzte sich in dem kleinen gelben Häuschen zu ihm. Der von ihnen gegen Morgen offen gelassene Raum nützte gerade so viel, daß sie zu ihren Füßen ein Teilchen Stoppelfeld sahen, dann ein Stückchen Flachs, und oben die grauen luftigen Schleier, die am Himmel hinzogen, auch konnten sie die Lerche hören, die oberhalb des Flachses sang. Die Donner waren noch immer ferne, obgleich die Wolken schon den ganzen Himmel angefüllt hatten, und nicht nur über ihre Häupter, sondern auch schon weit gegen Morgen hinaus gegangen waren.
In diesem Verstecke saßen sie und sprachen mit einander.
»Glaubst du nicht auch«, sagte Ditha, »daß die Wolken gar nicht dicht sind, und daß sie gewiß nicht große und gar schwere Tropfen werden fallen lassen? Es wäre mir leid, wenn sie die feinen schönen Linnenblüten herabschlügen, die heute erst aufgebrochen sind.«
»Ich denke, daß sogar schwere Tropfen die blauen Blätter nicht abzuschlagen vermögen, weil sie erst heute aufgeblüht sind, und noch strenge haften«, sagte Abdias.
»Ich liebe die Flachspflanzen sehr«, fing nach einer Weile Schweigens Ditha wieder an, »es hat mir Sara auf mein Befragen vor langer Zeit, da noch das traurige schwarze Tuch in meinem

Haupte war, vieles von dem Flachse erzählt, aber ich habe es damals nicht verstanden. Jetzt aber verstehe ich es und habe es selbst beobachtet. Sie ist ein Freund des Menschen, diese Pflanze, hat Sara gesagt, sie hat den Menschen lieb. Ich weiß es jetzt, daß es so ist. Zuerst hat sie die schöne Blüte auf dem grünen Säulchen, dann wenn sie tot ist, und durch die Luft und das Wasser zubereitet wird, gibt sie uns die weichen silbergrauen Fasern, aus denen die Menschen das Gewebe machen, welches, wie schon Sara sagte, ihre eigentlichste Wohnung ist, von der Wiege bis zum Grabe. Siehst du, das ist auch wahr: – wie sie nur so wunderbar, diese Pflanze, zu dem weißen lichten Schnee zu bleichen ist – dann legt man die Kinder, wenn sie recht klein sind, wie ich war, hinein, und hüllt die Glieder zu – ihrer Tochter hat Sara viel Linnen mit gegeben, da sie fort zog, um den fremden Mann zu heiraten, der sie wollte; sie war eine Braut, denn je größere Berge dieses Schnees man einer Braut mitgeben kann, desto reicher ist sie – unsere Knechte tragen die weißen Linnenärmel auf den bloßen Armen – und wenn wir tot sind, hüllen sie die weißen Tücher um uns, weißt du.« – –

Sie schwieg plötzlich. Ihm war es, als hätte er seitwärts an der Garbe einen sanften Schein lodern gesehen. Er dachte, sie habe wieder ihren Schimmer; denn er hatte schon früher alle Spitzen von Bändchen und Haaren an ihr aufwärts stehen gesehen. – Aber sie hatte ihren Schimmer nicht gehabt. Da er hinblickte, war schon alles vorüber. Es war auf den Schein ein kurzes heiseres Krachen gefolgt, und Ditha lehnte gegen eine Garbe zurück, und war tot.

Kein Tropfen Regen fiel, nur die dünnen Wolken rieselten, wie schnell gezogene Schleier, über den Himmel.

Dreißig Jahre nach dem Tode Dithas lebte Abdias noch. Wie lange nachher, weiß man nicht. In hohem Alter hatte er die schwarze Farbe verloren, und war wieder gebleicht worden, wie er in seiner Jugend gewesen war. Viele Menschen haben ihn auf der Bank seines Hauses sitzen gesehen.

Das Institut Hartheim

Petra Fosen-Schlichtinger

Als eine der etablierten Behinderteneinrichtungen Oberösterreichs hat das Institut Hartheim die Möglichkeit, neue, auch unkonventionelle Wege zu gehen, um die zum Teil engen Grenzen, die geistig behinderten Menschen gesteckt sind, zu öffnen. Dies ist Anliegen und erklärtes Ziel der Leitung und Mitarbeiter des Hauses. Etwa können hier geistig behinderte Menschen in einem Atelier für bildnerisches Gestalten ihre Ausdrucksmöglichkeiten erkunden.
Der Name Hartheim ist untrennbar verbunden mit der Geschichte des Schlosses, die jedem Menschen Mahnung und abschreckender Inbegriff aller Formen von Ausgrenzung sein muß.
Im Renaissanceschloß Hartheim gründete im Jahr 1898 der oberösterreichische Landeswohltätigkeitsverein erstmals eine Stätte zur Betreuung geistig und mehrfach behinderter Menschen. Fürst Camillo Heinrich Starhemberg hatte das Schloß dem Verein überlassen. Die katholisch orientierte und dem Begriff der Caritas verpflichtete Einrichtung trug die Bezeichnung »Asyl für die Armen, Schwach- und Blödsinnigen, Idioten und Cretinösen«. Trotz der aufkeimenden Diskussionen über Wert und Unwert des Lebens behinderter Menschen war Schloß Hartheim in dieser Zeit mehr als eine Verwahrstation. Auch reformpädagogische Entwicklungen kamen zum Tragen. Mitte der Dreißigerjahre wurden mehr als 180 Personen, damals Pfleglinge genannt, im Schloß betreut.
Mit der Machtübernahme durch die Nationalsozialisten wurden die Vorzeichen Hartheims umgedreht. Der Landeswohltätigkeitsverein wurde enteignet und aufgelöst, das Schloß wurde zur nach außen hin abgeriegelten Vernichtungsstätte »unwerten Lebens«, die in ihrem Inneren Gaskammer und Krematorium barg. Behinderte, psychisch kranke und Menschen mit seniler Demenz, auch Menschen, die in den Konzentrationslagern der ihnen abverlangten Arbeit nicht mehr gewachsen waren, wurden Opfer – es waren mehr als 30.000 – der nationalsozialistischen Tötungsaktionen unter den Bezeichnungen T4 und 14f13.
Der 1945 wieder gegründete Landeswohltätigkeitsverein ist auch heute noch der Träger des Instituts Hartheim, für das 1965 in unmittelbarer Nähe des Schlosses der Grundstein gelegt wurde. Der privat geführte Verein ist weder an eine Kirche gebunden, noch Land oder Bund zugehörig. Die Finanzierung der vom Institut angebotenen Leistungen erfolgt durch öffentliche Mittel – so ist gewährleistet, daß die Betreuung für behinderte Menschen ohne Rücksicht auf ihre persönlichen Vermögensverhältnisse angeboten werden kann. Mit 330 Betreuten, 260 davon leben im Haus, und 350 Mitarbeitern ist das Institut eine vergleichsweise große Behinderteneinrichtung in Oberösterreich. Der Kritik, diese Größe berge die

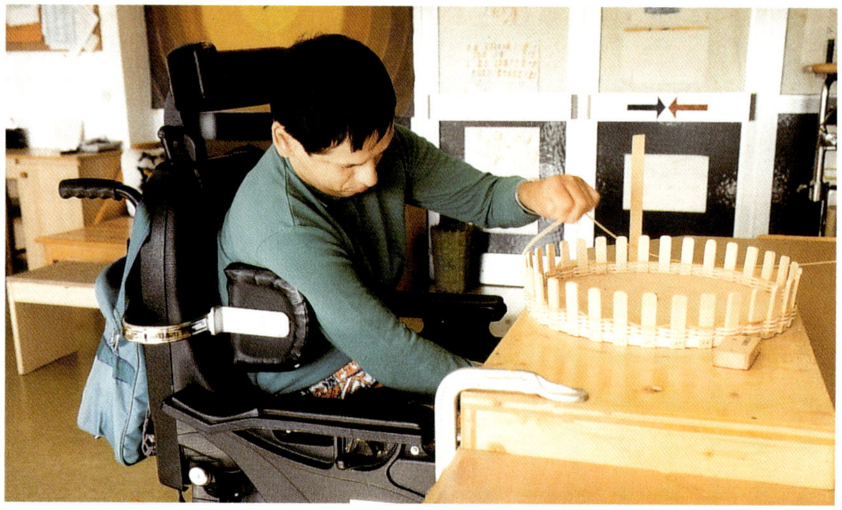

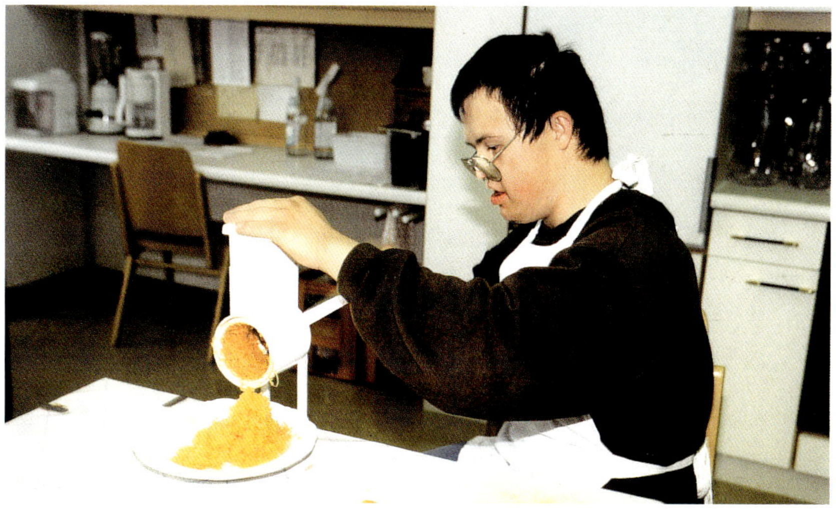

Gefahr der Ghettoisierung und die Gefahr restriktiver Kontrollmechanismen, begegnet man mit einem ständigen Sich-in-Frage-Stellen und der größtmöglichen Öffnung nach außen.
Zum Teil leben geistig behinderte Menschen im Familienverband, was im Sinne der Integration durch Pflegegeld und mobile Hilfsdienste unterstützt wird. Zum Teil leben sie in Einrichtungen wie dem Institut Hartheim. Als Betreuungsalternative bietet sich das Institut Hartheim an. Sein Ziel ist es, die Perspektiven geistig behinderter Menschen zu erkennen und zu erweitern. Dazu kann ein verhältnismäßig selbständiges Wohnen in einer Wohngruppe gehören. Derzeit werden 28 Wohngruppen mit jeweils neun annähernd gleichaltrigen Personen geführt, zumeist Männer und Frauen gemischt. Im Durchschnitt arbeiten sechs pädagogisch ausgebildete Betreuer im Turnusdienst für eine Wohngruppe. Fünf Wohngruppen werden als Außenstellen des Instituts geführt, drei in einem ehemaligen Bauernhaus in Straß bei Alkoven, zwei in einem nahegelegenen Doppelwohnhaus. Behinderten Menschen aus dem Großraum Linz wird zusätzlich Tagesbetreuung angeboten.
Einen strengen Tagesablauf gibt es im Institut Hartheim nicht – doch das gemeinsame Einnehmen der Mahlzeiten ist ein von allen geschätzter Fixpunkt. Die meisten Bewohner der Wohngruppen gehen Aktivitäten nach, die sie aus ihrem Umfeld hinausführen, – Kindergarten, Schule, Werkstätten. In den Siebzigerjahren wurde im Institutsgebäude eine Sonderschule für Schwerstbehinderte eröffnet. Kindergarten und Hort werden seit 1990 integrativ geführt – also behinderte und nicht behinderte Kinder in einer Gruppe. Menschen mit schwersten Behinderungen werden in einer Pflegegruppe durch spezielle Fachkräfte betreut. Bei jedem einzelnen steht das Ziel im Vordergrund, seine Selbständigkeit zu vergrößern. Für den einen bedeutet das zu lernen, in Gemeinschaft mit anderen zu leben, oder mit Messer und Gabel essen zu lernen, für den anderen, Einkäufe zu erledigen und dafür ein öffentliches Verkehrsmittel zu benützen.
Die Palette der Werkstätten ist vielfältig: Weberei, Textildruckwerkstätte, Textilwerkstätten, Kleiderbasar, Lederwerkstatt, Holzwerkstatt, Metallwerkstätten, Töpferei, Gärtnerei und eine Kleintierhaltung. Die von den Betreuten hergestellten Produkte werden verkauft – durch diese Wertschätzung und das finanzielle Entgelt ist mit der Werkstättenarbeit für die meisten ein hoher sozialer Status verbunden. Der Grad der Behinderung macht den Besuch der Werkstätten für viele Betreute unmöglich. Ihnen wird in Förderwerkstätten eine individuelle Betreuung angeboten, deren Schwerpunkt darin liegt, handwerkliche Stärken des einzelnen in optimaler Weise zu entfalten. Geistig und mehrfach behinderte Menschen müssen oft auf nichtsprachlicher Ebene kommunizieren. Für sie sind die Förderwerkstätten, aber auch die Erlebnisgruppen, in denen die Sinne des einzelnen für das Erschließen der Umwelt aktiviert werden, gedacht.
Das Institut vertritt eine pragmatische Pädagogik: Neuem gegenüber sehr offen, werden immer wieder Ansätze zur Optimierung des pädagogischen Betriebes und der Beziehungsarbeit gesucht und erprobt, an Bewährtem wird dabei durchaus festgehalten. Die Veränderungen und Verbesserungen, die in den vergangenen Jahren im Institut Hartheim durchgeführt wurden, sind ein Ausdruck neuer pädagogischer Erkenntnisse und des Innovationsgeistes, der in Hartheim herrscht. Dieser Innovationsgeist basiert auf langjähriger Erfahrung in der Betreuung behinderter Menschen und einem hohen Maß an Selbstvertrauen.
Besonderer Wert wird im Institut Hartheim auf künstlerisch-kreative Aktivitäten gelegt, wobei hier die Grenzen zwischen Freizeitprogramm und Therapie fließend sind. Durch musikalisch-rhythmische Erziehung, Tanz und bildnerisches Tätigsein finden geistig behinderte Menschen zu authentischen Ausdrucksformen und erleben sich als einzigartige Persönlichkeiten.

Kreatives Schaffen im Institut Hartheim

Günther Weixlbaumer

Davon wissend, daß es in geistig behinderten Menschen ebenso wie in nichtbehinderten Menschen Talente zu entdecken und zu entwickeln gibt, wird in Hartheim seit Jahren großer Wert auf die Entfaltung kreativer Fähigkeiten gelegt.

Sind bildnerische Aktivitäten und deren Ergebnisse für nichtbehinderte Menschen schon bedeutsam, bedeuten sie für behinderte Menschen zumeist aber noch viel mehr. Für sie ist Malen und Zeichnen, das Herstellen plastischer Werke, oft auch mangels anderer Möglichkeiten, das Ausdrucksmittel schlechthin. Wichtig ist dabei zunächst der schöpferische Prozeß, nicht so sehr das Werk selbst.

Es zeigte sich allerdings, daß sich die auf diese Art speziell geförderten Betreuten des Institutes Hartheim vielfach sehr wohl auch mit ihren Werken identifizieren, diese kennen und stolz darauf sind. Bei Ausstellungen kommt ein weiteres bedeutsames Moment hinzu: mit der öffentlichen Präsentation und Anerkennung seines Werkes überwindet der behinderte die Barriere zwischen sogenannten normalen und behinderten Menschen und fühlt sich als gleichwertiger Mitmensch akzeptiert.

Die Bildwerke sprechen für sich, natürlich ist es zudem interessant, deren Urheber und ihre persönliche Situation zu kennen. Die Werke sind jeweils sehr typisch und tragen die unleugbare »Handschrift« derer, die sie geschaffen haben. Sie unterscheiden sich in ihrer Ursprünglichkeit deutlich von Produkten, die nicht mehr als Versuche sind, bestimmte Vorlagen zu imitieren und bestenfalls von kunsthandwerklichem Geschick zeugen.

Die Förderung kreativen Schaffens ist dem Institut neben allen anderen Fördermaßnahmen viel wert. Deshalb werden auch in diesem Bereich professionelle Kräfte eingesetzt – Künstler, Absolventen von Akademien oder Kunsthochschulen. Neben einem angestellten künstlerischen Mitarbeiter gibt es einen semesterweisen Wechsel von Stipendiaten, die in Hartheim wirken.

Hartheim hat der pädagogischen Bedeutung des kreativen Schaffens entsprechend für diese Aktivitäten ein eigenes Atelierhaus geschaffen, das optimale Arbeitsbedingungen bietet. Dort, wie auch in vielen Institutsgebäuden, werden die besten und jeweils neuesten Werke permanent ausgestellt. Viele Gruppenwohnungen, Funktions- und Büroräume sind mit Werken Betreuter aufgewertet und dokumentieren die bunte Vielfalt des Lebens in Hartheim.

Hartheim hat die Werke betreffend keinerlei kommerziellen Interessen; die Bilder sind unverkäuflich. Karten oder andere drucktechnische Erzeugnisse, die Motive von Werken zeigen, oder der vorliegende Bildband dürfen vermarktet werden. Der Erlös daraus fließt wieder in die Verbesserung der Arbeits- und Lebensbedingungen im Institut Hartheim und ermöglicht auch die großzügige Förderung künstlerischen Schaffens geistig behinderter Bewohner.

Ohne Titel – Bildwerke der Menschen des Instituts Hartheim

Peter Assmann

Die Suche nach einem passenden Titel für dieses Buch über die Bildwerke der Menschen, die im Institut Hartheim leben, hat sehr lange gedauert und wiederum gezeigt, wie schwer es ist, die ungeheure Vielfalt an Erscheinungsformen, die dem Betrachter dieser Bildwerke entgegentritt, begrifflich zusammenzufassen.
Die Kunstwissenschaft kennt hier Begriffe wie »art brut« oder »zustandsgebundene Kunst« – Bezeichnungen, die teilweise auch für Künstler verwendet werden, die sich sehr intensiv mit von geistig behinderten Menschen geschaffenen Bildwerken auseinandersetzen und diese Bildsprachen auch direkt in die eigene künstlerische Arbeit integrieren. Hier stoßen wir aber bereits auf den zweiten problematischen Begriff, nämlich »geistige Behinderung«. So wenig eindeutig dieser Begriff definierbar ist, so wenig Eindeutiges dieser Begriff über ein »besonderes« menschliches Individuum aussagt, so vielgestaltig sind die Bildwerke der Menschen, denen man dieses Attribut beigegeben hat. Selbstverständlich lassen sich bestimmte objektiv überprüfbare Krankheitssymptome feststellen, dennoch leben so viele unterschiedliche Menschen mit dem Attribut geistiger Behinderung, daß ein näherer Blick auf diese Menschen in erster Linie über die Vielfalt der Individuen erstaunen läßt.
Für jeden Menschen, dessen Leben sich in einer äußeren wie inneren Alltagsroutine abspielt, der sich für soziale Verantwortung in ihren positiven wie negativen Auswirkungen im Leben entschieden hat, ist die Lebensform dieser Menschen eine beständige Herausforderung, ein beständiges An-die-eigenen-Grenzen-gestoßen-Werden. Gleiches gilt für die Bildwerke dieser Menschen. Auch sie stoßen beständig an Grenzen eines kollektiven Verständnisses. Sie zeigen eine konsequent andere Richtung der Weltbetrachtung, sie stellen beständig tradierte Werte – nicht nur der Kunst – in Frage.
Die ästhetischen Qualitäten dieser Bildwerke sind offensichtlich und werden bei intensiverer Auseinandersetzung mit ihnen immer überzeugender. Viele Künstler des 20. Jahrhunderts, auch schon des 19. Jahrhunderts, haben dies erkannt und sich in ihren eigenen künstlerischen Formfindungen sehr markant davon anregen lassen. Künstler wie van Gogh finden sich hier ebenso wie aktuelle Namen der Gegenwart – von Arnulf Rainer bis zu den Hohenbüchler-Zwillingen.
Je stärker das Element des Expressiven in der eigenen Kunst gesucht wurde, desto deutlicher wurden hier die entsprechenden Qualitäten gesehen.
Expressivität als intensivst persönlicher Ausdruck erfordert ein Individuum, das sich dazu entscheidet, eine intensive persönliche Botschaft zu formulieren, einen konzentrierten Blick in den eigenen Geistesbereich jenseits der Grenze des Bewußtseins, der rationalen Steuerung, zu unternehmen. Dieser Blick wird im Bild formuliert, wobei es selbstverständlich gilt, Barrieren des Bewußtseins zu überwinden: Schranken der Angst, vor allem der Angst vor gesellschaftlicher Ablehnung, müssen durchbrochen werden.
Geistige Behinderung wird häufig gleichgesetzt mit Kommunikationsunfähigkeit, mit einer zu starken Fixierung auf das eigene Ich, das jedoch nicht mitgeteilt wird. Einer solchen Meinung steht jedoch der Befund entgegen, daß die Bildwerke dieser »besonderen Menschen« durchwegs mit dem Attribut »ausdrucksstark« versehen werden, also sehr persönliche Mitteilungen beinhalten. Auch hier muß jedoch festgehalten werden, daß eine Reduktion auf diesen Aspekt der »persönlichen Mit-

teilung« der Vielschichtigkeit dieser Bildwerke nicht gerecht wird. Vielmehr gelingt es in erstaunlich vielen Bildwerken dieser Menschen, eine absolute Verbindung zwischen einer persönlich appellativen Formulierung und einer überindividuell gültigen Aussage herzustellen. Diese Bildwerke leisten also in vielen Fällen das, was bildende Kunst über Jahrhunderte geleistet hat und auch heute leistet: ein Zusammenführen zwischen individuell Neuem und kollektiv Gültigem.

Einschränkend muß jedoch sofort bemerkt werden, daß der Begriff von Kunst ein Bewußtsein von Kunst impliziert und daher auch eine bewußte Entscheidung für die Kunst voraussetzt. Diese intellektuelle Entscheidung für die Kunst wird nicht von den wie auch immer behinderten Menschen selbst vorgenommen, sondern von anderen Menschen, die deren schöpferische Produkte in die Diskussion um die Kunst einbringen. Gerade in dieser Problemstellung stoßen wir sehr markant auf die Grenzen einer derzeit diskutierten und somit aktuell gültigen Bestimmung des menschlichen Geistesbereiches »Kunst«; ein Aspekt, der sicher auch die große Faszination dieser Bildwerke besonderer Menschen mitbegründet.

In den Bildwerken dieser Menschen begegnet uns eine eigene Welt wie auch eine eigene Sicht unserer Welt. Ihre Bildkompositionen sind vor allem geprägt durch den Aspekt der absoluten Verbindung: Ob Objekthaftes, ob Menschenähnliches, Tier- und Pflanzennahes oder einfach Farb- und Formstrukturen – stets sind die einzelnen Elemente in diesen Bildern aufs Engste miteinander verbunden; vielfach durchdringen sie sogar einander. In jedem Fall fehlt das »Kunstwollen« im Hinblick auf die präzise Definition, das möglichst perfekte Eingrenzen – Isolieren – eines Elementes. Gleiches gilt für zeitliche Abläufe: In diesen Bildwerken herrscht Gleichzeitigkeit vor, es existiert kein lineares kausales Verknüpfen, sondern ein additives Zusammenfügen im Sinne eines Konglomerates.

Diese Komplexität des Summarischen kommt auch sehr gut zum Ausdruck im häufig beobachtbaren Bemühen, den vorhandenen Bildraum möglichst intensiv zu füllen. Hier von einem »Horror vacui«, also einer Angst vor dem leeren Raum, zu sprechen, erscheint allerdings eher problematisch – es gibt zu viele bildnerische Gegenbeispiele –, vielmehr wird der vorhandene Bildraum aktiv mit eigenen Gestaltungsimpulsen aufgefüllt. Auch wenn hier oft ein ornamentnaher Rapport gleicher oder sehr ähnlicher Bildformen beobachtbar ist, erstaunt bei diesen gleichsam musterartig sich ausbreitenden Bilddarstellungen das konsequente Bemühen um Varianz: Immer wieder wird eine erwartete Vereinfachung der Formensprache durchbrochen; es erscheinen sensibel gesetzte Variationen des gewählten Grundthemas – oftmals wider aller Erwartungen.

Eine solche Variationsbreite erstreckt sich auf die bildnerische Abstraktion in gleicher Weise wie auf gegenstandsbezogene Bildformen. Mit erstaunlicher künstlerischer Sicherheit bewegen sich die Bilder dieser Menschen souverän in beiden Bereichen, abstrahieren Grundformen alltäglicher Bildwahrnehmungen zu individuellen Ausdruckszeichen, umschreiben sehr präzise abbildhaft Menschen und Gegenstände oder agieren in umfassender Freiheit in der Eigenwelt von Formen und Farben. Speziell in diesem »freien« Bildbereich frappiert die Sicherheit und Variationsbreite. Spezielle Farbfindungen – teilweise zur Monochromie geführt – lassen sich hier ebenso feststellen, wie spezielle Formfindungen, die ohne erkennbares Vorbild aus der eigenen Kreativität heraus entwickelt werden.

Die Bildauswahl dieses Buches bemüht sich in spezieller Weise darum, nicht wie bei früheren Publikationen über Bildwerke geistig behinderter Menschen einem stark psychologisch orientierten Auswahlprinzip zu folgen – also Botschaften einer Krankheit nachzuspüren, sondern diese Werke als Kunstereignis zu betrachten und sich mit ihnen in diesem Sinne auseinanderzusetzen. Nicht ein interessiertes Sich-Hinneigen (von oben) zu auffälligen Abnormitäten liegt hier vor, sondern ein Bemühen um das Erkennen individueller Stärken auf der Basis der Offenheit für das Besondere.

Diese individuelle Kraft der Formulierungsmöglichkeit von Bildern, des Gestaltens ganzer Weltbilder, überzeugt jeden Betrachter, der bereit ist, Behinderung nicht mit pauschaler Unfähigkeit gleichzusetzen.

»*Toleranz sollte eigentlich nur eine vorübergehende Gesinnung sein: Sie muß zur Anerkennung führen. Dulden heißt beleidigen.*«
(Johann Wolfgang Goethe: Maximen und Reflexionen)

Wer fragt sich nicht nach dem Sinn des Lebens? Unsere Sprache ist – wie so oft – verräterisch: die Sinnlichkeit hat, die Sinne haben sehr viel mit dem Sinn unseres Lebens zu tun. Die Sehnsucht, der Drang und damit die Chance, uns über die Sinnlichkeit unsrem Sinn zu nähern, steckt in uns allen – das ist eine unserer wesentlichsten Begabungen. Kunst ist eine Möglichkeit, uns auf einer sehr hohen Ebene sinnlich mitzuteilen, Sinne anzusprechen, mit anderen zu kommunizieren.
Ich bewundere die Menschen, die in diesem Bildband unsere Sinne anregen, das Talent haben, uns über ihre Bilder etwas mitzuteilen, uns zu bewegen. Damit erfüllt Kunst auch eine ihrer wichtigsten Aufgaben: nicht der sättigende Konsum ist gefragt, sondern wir müssen bewegt werden.

Welser-Möst

Es freut mich, daß ich endlich dieses Buch realisieren konnte. Es war eine weite Reise. Als kleiner Bub mit sechs Jahren ließ ich mich von einer frisch gekalkten Wand des Vorhauses meines bäuerlichen Zuhauses verführen und holte Pinsel und Wasserfarben und machte mich bemerkbar. Bange verschwand ich wieder mit meinen Utensilien und war glücklich, als mich mein Vater aufforderte, meine Andeutung nun auch auszuführen. Es entstand mein erstes größeres Bild, das mit half, der »Welt« etwas mitzuteilen, wozu meine Sprache nicht fähig war. Zumindest gab mir das Hantieren mit dem Werkzeug, den Farben und Formen das seltsame Gefühl, als würde die Zeit stillstehen und Atem holen. So griff ich im weiteren Leben immer wieder zum bildnerischen Schaffen, um Kraft zu schöpfen. Aber es war in den Schulen und der Akademie der bildenden Künste kompliziert genug, dieses »mein« Weltrefugium zu schützen. Als Lehrer begegnete mir diese »Schatzinsel« mit seinen signifikanten, präzisen, wahren Zeichen, Formen und Bildern endlich wieder und half mir, meine Kindheit und Jugend mit ihrer Leidenschaft neu zu erleben und die großen Kunstwerke zu verstehen. Am aufregendsten, elementarsten empfand ich stets die Bildwerke von Kindern mit einer ganz »eigenen« Besonderheit. Da aber diese Bildwerke allgemein eher als »*Vor*-Bilder«, »Vorstadien«, als kindlich, als unvollkomen und dergleichen *hin*gestellt werden, war es mein Bedürfnis, ihnen ein würdigendes Buch zu widmen.

Richard Pils

Die Autoren und ihre Beiträge

Veronika Baumgartner *Seite* 59, 66, 68, 77, 83, 94, Schutzumschlag vorne
Johann Dautermann *Seite* 87 · Heliodor Doblinger *Seite* 11, 13, 55, 101 · Alexander Dvorak *Seite* 74
Renate Grohe *Seite* 71 · Erich Hehenberger *Seite* 69 · Gerhard Hirsch *Seite* 15, 57, 58, 60, 79
Karl Hintringer *Seite* 72 · Brigitte Hofer *Seite* 69, 90 · Franz Kindlmann *Seite* 31 · Kornelia Kugler *Seite* 97
Gabriela Leitner *Seite* 98, 99 · Franz Mayer *Seite* 36, 39, 49 · Harald Mayr *Seite* 27, 52, 96, Schutzumschlag hinten
Kurt Mayr *Seite* 48, 105 · Manfred Mayr *Seite* 19, 102, 103, 108, 109 · Sonja Neudorfer *Seite* 89
Andrea Obwaller *Seite* 25 · Jürgen Osterkron *Seite* 34 · Aloisia Parzer-Buchinger *Seite* 64, 65
Thomas Peham *Seite* 29 · Peter Peneder *Seite* 44, 76, 86 · Elisabeth Pernecker *Seite* 22
Christian Pichler *Seite* 54 · Rupert Ringel *Seite* 88 · Margit Rohrauer *Seite* 110, 111
Gerhard Rund *Seite* 45 · Gregor Schneeberger *Seite* 51 · Josef Wiesinger *Seite* 73
Adalbert Stifter »Abdias«, Textauszüge
Mag. Petra Fosen-Schlichtinger »Das Institut Hartheim«, *Seite* 117
Dr. Günther Weixlbaumer »Kreatives Schaffen im Institut Hartheim«, *Seite* 121
Dr. Peter Assmann »Ohne Titel – Bildwerke der Menschen des Institutes Hartheim«, *Seite* 122
Welser-Möst *Seite* 125 · Richard Pils *Seite* 125

publication PN°1
Bibliothek der Provinz

Verlag für Literatur, Kunst und Musikalien